This Notebook Belongs To

____

www.ingramcontent.com/pod-product-compliance
Lightning Source LLC
LaVergne TN
LVHW081540060526
838200LV00048B/2159